AF242385

L⁴⁴Lb
1386

Réné MALLIET

UNE MAITRESSE

DE NAPOLÉON Ier

PRIX : 20 centimes

—0-0—

PARIS

LIBRAIRIE UNIVERSELLE, A. CHÉRIÉ, ÉDITEUR
(*Téléphone*), 36, 38, 40, RUE HALLÉ (*Téléphone*).

1884.

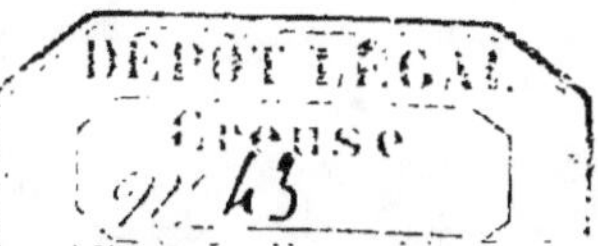

Réné MALLIET

UNE MAITRESSE

DE NAPOLÉON Ier

1386

PARIS

LIBRAIRIE UNIVERSELLE, A. CHÉRIÉ, ÉDITEUR

(Téléphone), 36, 38, 40, rue Hallé (Téléphone).

1884.

UNE MAITRESSE

DE NAPOLÉON Ier

Connaissez-vous la jolie ville de Salzbourg ? Elle vaut qu'on s'y arrête. Couchée
dans un repli des Alpes autrichiennes
que rafraîchit, en l'égayant, la Salza, à
demi perdue dans un délicieux fouillis de
vertes collines et de cimes entrecroisées,
elle attire l'attention autant par la grâce
multiple et variée du site que par les sou-
venirs qu'elle éveille. Elle a vraiment fort
bon air avec ses clochers, ses dômes, avec
ses maisons blanches dans le style italien,
son antique château crénelé qui a conservé
l'aspect morose et hautain des âges de fer,
et ses mille villas semées au versant des
hauteurs voisines, « comme des nids sous
les ormeaux, » eût dit Lamartine. Elle mérite le surnom qu'elle porte : *l'Irrésistible*.

C'est à Salzbourg qu'est né Mozart, c'est à Salzbourg aussi que l'on montre la maison habitée par Emilia-Victorine, baronne de Wolfsberg, maîtresse et, d'après ses propres dires, épouse morganatique de Napoléon 1er. La légende attachée à son nom est vivante encore là-bas, car notre héroïne n'est morte qu'en 1845. Nombre de vieillards se rappellent l'avoir rencontrée dans ses chevauchées solitaires à travers le pays, montée sur un âne chétif qu'elle attelait parfois à un petit panier, dernier débris de son opulence. Ses vêtements, fripés, déteints, accusaient pourtant des jours meilleurs. La maîtresse du Maître du monde commandait le respect autour d'elle et portait royalement ses haillons lamentables : son visage pâle et flétri, encadré de deux longues boucles grises, était comme illuminé par un vague et lointain reflet des splendeurs anciennes, son regard, brillant et direct, avait cette fixité aigüe que donne l'obsession d'un souvenir.

Les allures mystérieuses de la pauvre femme étaient justifiées par l'existence extraordinaire qu'elle mena et par la nature exceptionnelle des liens qui l'unirent à l'Empereur. Outre la légende locale, nous en avons pour preuve un manuscrit fort curieux, déposé au musée de Salzbourg, et dont nous devons la connaissance à notre savant ami, M. G... N... C'est de ce document que nous avons extrait la plupart des détails qui vont suivre.

Emilia était la fille d'un mineur d'Idria et vit Napoléon pour la première fois en 1805. Elle lui fut présentée par son père adoptif, secrétaire à la direction d'artillerie. au château de Schœbrunn, où résidait l'empereur pendant la campagne d'Autriche. La « petite impératrice » était dans tout l'éclat de ses vingt ans. Grande, svelte, sa riche chevelure tombant en fleuve d'or sur des épaules d'une blancheur nacrée, elle produisit sur le vainqueur une impression subite et profonde. Napoléon, qui apportait, comme l'on sait, une certaine brutalité naïve dans le domaine du sentiment, prit le chemin le plus court pour arriver à ses fins et adressa aussitôt à la belle allemande un aveu... dépouillé d'artifice.

Le croira-t-on, la jeune fille, tout éblouie qu'elle était par l'hommage impérial, éprouva un scrupule qui témoigne, à tous égards, de sa candeur. Elle exigea le mariage. L'Empereur avait, comme l'échevin d'Arbois, dix-huit raisons de refuser à la belle ce qu'elle lui demandait. Il se garda bien de la détromper — pour l'instant au moins

— et, en conquérant pressé que n'arrêtent point des scrupules vulgaires, en despote habitué à considérer la religion comme un instrument de règne. rien de plus, il se prêta gravement à un simulacre de mariage.

L'auteur du manuscrit allemand ne nous dit pas si, pour la mise en scène de cette comédie sacrilège. César eut recours aux bons offices d'un prêtre complaisant. comme il s'en trouvait beaucoup, ou s'il enjoignit simplement à l'un de ses aides-de-camp de s'affubler, pour la circonstance. du caractère sacerdotal.

Il cite seulement le nom d'un témoin de ce singulier mariage. celui du marquis. — il a voulu écrire. sans doute. du comte — de Montholon.

Peu de jours après. Napoléon fut appelé à Munich. où devaient avoir lieu les fiançailles d'Eugène de Beauharnais. Il emmena Emilia en lui imposant le plus strict incognito. car l'impératrice Joséphine surveillait son auguste époux avec une jalousie inquiète, qui n'était que trop justifiée. De retour à Paris. en janvier 1806. il ne voulut pas se séparer d'Emilia. — il était décidément vaincu par sa conquête — mais il la confina dans une retraite absolue. peut-être dans un de ces appartements secrets des Tuileries où Talma donna, dit-on, ses fameuses leçons de maintien. Elle se résigna aisément à cette claustration et vécut isolée, ne recevant, de loin en loin, que la visite des familiers de l'Empereur.

Par exemple, quand la guerre éclata de nouveau, elle reprit sa place aux cotés de son maître et fut son ombre vivante, son bon génie. N'était-ce pas elle, ce *petit homme rouge* que les grognards voyaient entrer dans la tente de leur dieu, la veille des journées décisives ? Elle avait sacrifié ses beaux cheveux blonds, pris des vêtements masculins et chevauchait sans peur à travers le tumulte des camps.

La bataille d'Iéna, l'entrée triomphale dans Berlin, la marche sur la Posnanie et Varsovie, les victoires d'Eylau et de Friedland, la paix de Tilsitt, tous ces épisodes sanglants ou glorieux de l'aventure impériale, jetèrent leur éclat ou leur ombre sur l'existence romanesque de la fille du mineur autrichien. Elle savourait à loisir la suprême joie de mêler aux émotions d'une passion souveraine et dominatrice, la sensation poignante et délicieuse d'un péril partagé. Un jour, elle reçut de son amant une bague, sur laquelle étaient gravés les mots suivant : « *Cette réponse console mais*

ne sufit pas.» Nous respectons l'orthographe
de la devise : on sait que Napoléon jugeait
l'orthographe bonne tout au plus pour les
maîtres d'école, de même que, suivant Mme
de Rémusat, il se croyait supérieur à toutes les règles de morale naturelle ou so-
ciale. Nous ne retenons qu'une chose de ce
détail, c'est qu'il indique la profondeur du
sentiment qui enchaînait Napoléon à Emilia. L'intimité qui les réunissait enlevait à
leur liaison ce caractère frivole qui mar-
que la plupart des équipées amoureuses du
conquérant.

En juillet 1807, notre Clorinde rentra à
Paris à la suite de l'Empereur et n'en sortit que pour prendre part à la guerre d'Es-
pagne. De là, elle l'accompagna en Autriche et prit sa résidence à ce même château
de Schœnbrum, où s'était décidée sa destinée,
pendant que Lui, courait vaincre à Wagram.
Elle avait, alors, renoncé à son travestisse-
ment et laissé ses longues tresses flotter sur
ses épaules. La paix la rendit à la soli-
tude, pour ne pas dire à l'abandon.

Napoléon songeait à assurer sa dynastie
en entrant dans l'une des plus vieilles fa-
milles monarchiques de l'Europe. Son mariage avec Marie-Louise lui fit oublier la
compagne de ses travaux et de ses dangers.
La raison d'Etat, autant que son ambition

personnelle, l'obligeaient à mener un sem-
blant de vie commune et à rendre des soins
assidus à la fille des Habsbourg. L'existence
d'Emilia, soigneusement reléguée dans son
retiro, n'était connue que du valet de
chambre Constant et du mameluk Roustan.

Voici, maintenant, le déclin de l'astre
impérial, voici la campagne de Russie.
Marie-Louise accompagne l'Empereur jusqu'à Dresde et rentre en France. Emilia
reprend sa place et... ses droits. La frêle
créature affronte les glaces de la Russie,
voit Moscou s'allumer comme un phare
sinistre dans la nuit glacée, assiste à l'ef-
fondrement de la grande armée, reste fidèle
au malheur comme elle le fut à la gloire,
comme e'le l'aurait dû l'être au souvenir.

Le pacte bizarre qui liait ces deux êtres
dissemblables ne se rompit qu'à Fontaine-
bleau. Avant d'adresser à sa garde ses im-
mortels adieux, Napoléon songea à Emilia.
Il alla, en secret, prendre congé d'elle. Ils ne
se revirent pas. Auparavant, il l'avait créée
baronne de Wolfsberg et avait assuré son
avenir en faisant déposer dans une banque
anglaise un million de francs, dont l'intérêt devait constituer une rente annuelle.
Les documents relatifs à ce dépôt furent re-
mis entre les mains du père adoptif de la
baronne, qui était devenu conseiller au

ministére de la guerre et avait reçu la croix d'honneur.

Les relations brisées ne se renouèrent pas pendant les Cent-Jours. Emilia se trouva même assez consolée pour épouser un avocat de Vienne, un certain M. Schœnauer. Il faut croire qu'elle n'eut pas précisément à se louer de cette expérience, car, en 1820. elle demanda et obtint le divorce. A partir de ce moment, sa vie ne fut qu'une longue lutte, sans trêve et aussi, — hélas ! — sans dignité.

Dès que la mort de Napoléon à Ste-Hélène fut divulguée en Europe, le fonctionnaire autrichien chargé de la gérance du million déposé en Angleterre s'empressa de rogner des deux tiers la pension qu'il servait à la baronne de Wolfsberg. De même, il éprouva une regrettable défaillance de mémoire, lorsqu'elle lui rappela la collection de bijoux qu'elle avait confiée à son honneur. Elle supporta, du reste, noblement cette disgrâce imprévue et quitta Vienne, avec sa mère et sa sœur, pour aller s'installer à B..., sur les bords du lac de Constance, où elle acheta un joli cottage. Les animaux blessés recherchent les coins abrités pour y mourir, a dit Chateaubriand. Cette pauvre âme blessée comptait bien avoir trouvé le coin de terre tranquille où

devait s'achever, dans une douce mélanco-
lie, son existence tourmentée. Mais l'A-
mour, un amour d'autant plus impérieux
qu'il était tardif, troubla la retraite qu'elle
avait cru s'assurer. Elle s'éprit d'un jeune
chirurgien, et, passant sur l'énorme diffé-
rence d'âge qui existait entre eux, elle l'é-
pousa. Il avait 26 ans, elle 40. Elle ne tarda
pas à le suivre à Salzbourg, où il fut nommé
chirurgien départemental. Sa fortune, sans
être brillante, permettait aux nouveaux
époux de filer des jours de soie et d'or. Outre une somme de 100.000 fr., fruit de ses
économies, Emilia avait conservé une pension d'une vingtaine de mille francs. Mais
le service de cette rente, dont la source se
devine, et dont bénéficiait sans scrupule le
Diafoirus allemand, fut tout-à-coup sus-
pendu. Le père adoptif d'Emilia s'était jeté
par une fenêtre, après avoir brûlé avec ses
papiers les titres qui établissaient les droits
de sa pupille et dissipé même la fortune
dont il était le détenteur.

Dans cette terrible conjoncture, la «petite
impératrice» ne sut pas prendre un parti
héroïque. Cédant à ses habitudes de luxe et
d'insouciance, elle n'eut pas le courage de
vendre ses maisons inutiles et ses attelages,
de se défaire enfin d'un train dispendieux,
impossible à soutenir désormais. Détail

grotesque, elle s'attacha, dans sa détresse. à conserver la ménagerie qu'elle entretenait à grands frais, ses singes, ses perroquets, ses 62 oiseaux et ses 32 chiens !!!

Quelqu'un qui l'a connue à ce moment, nous l'a représentée, sous les traits d'une vieille femme, d'aspect cabalistique, hargneuse, mesurant le pain à ses domestiques et servant ses chiens dans des plats d'argent. Elle réservait pour ces animaux tous les trésors de sa sensibilité. L'un d'eux creva, elle l'ensevelit dans son jardin et « chargea son ombre du poids d'un monument. »

En 1839, elle perdit son mari. Avec lui disparut son dernier espoir. Sa frêle raison, qui avait déjà subi tant de douloureuses secousses, fut définitivement ébranlée par ce dernier coup. Elle ne tenta même pas de lutter contre la mauvaise fortune, elle vit, d'un œil sec, ses robes de soie, ses dentelles, les quelques bijoux qui lui restaient prendre le chemin du mont-de-piété. Bientôt elle n'eut plus, littéralement. une pierre où reposer sa tête. La vente de sa maison, grâce à son incroyable incurie, donna lieu à des contestations interminables qui dévorèrent ses ressources. La maîtresse de Napoléon fut saisie. La liste des objets mis à la criée est des plus instruc-

tives, nous y relevons, entre autres choses,
5 perroquets, 8 oiseaux variés, deux tour-
terelles, 8 paons et 12 chiens !!!

La pauvre folle demeurait insouciante
au milieu de ces ruines accumulées, s'in-
dignant seulement d'être en butte à ce
qu'elle appelait des persécutions, dominée
par une sorte de fatalisme qui paralysait sa
volonté en faisant luire à ses yeux hallu-
cinés le mirage d'une revanche impossible.
Comme l'Empereur, elle croyait à son
étoile, longtemps elle s'imagina qu'il sor-
tirait de sa tombe pour la protéger contre
ses ennemis et la sauver.

Mais Emilia dut renoncer à cette douce
et consolante superstition, abaisser sa fierté.
Elle dût se départir de son isolement hautain, du quiétisme dédaigneux que lui inspiraient l'âpre sentiment de l'injustice dont
elle était victime et la légende dont elle
gardait le culte dans son cœur. Elle monta
le dur escalier d'autrui et connut cette période sombre de la misère où l'on ne croit
pas acheter trop cher le droit de vivre, où
s'ajoutent à l'incertitude horrible du lendemain les déboires quotidiens de démarches
humiliantes toujours, improductives sou-
vent.

Emilia, ou plutôt la « comtesse aux

chiens » comme l'appelait le peuple, fit re-
tentir sa plainte au pied des puissances du
jour. Elle s'adressa d'abord à l'Eglise, par
un de ces préjugés fréquents chez les fem-
mes qui sont volontiers portées, par nature
et par éducation, à voir dans le prêtre le
tuteur obligé des malheureux. Touchant
vestige de la tradition chrétienne ! Le dis-
ciple du christ auquel elle eut recours
était le prince de Schwarzemberg, archevê-
que de Salzbourg. Le noble prélat l'écon-
duisit sèchement et refusa tout net de l'ap-
puyer en haut lieu. parce que — lui fit-il
dire — la source de la fortune qu'elle re-
vendiquait était impure. L'Eglise n'a pas
toujours manifesté de semblables scrupules
et il serait aisé de montrer qu'elle a, en
mainte occasion, joué le rôle du feu qui...
purifie tout. Mais passons...

Ce premier échec ne découragea point
notre héroïne. Elle frappa à toutes les por-
tes, fatigua de ses confidences et de ses ré-
criminations les personnages les plus in-
fluents, et ne rencontra partout qu'une sté-
rile curiosité. Alors, elle eut une de ces
inspirations, dont l'audace ne se justifie que
par l'inconscience la plus absolue. La maîtresse de Napoléon en vint à tendre la main
à l'impératrice Marie-Louise Et celle-ci
laissa tomber sur son ex-rivale une manne

dorée, sous la forme d'une pension de mille
francs. Marie-Louise n'en était pas peut-
être pas à apprendre le secret romanesque
au nom duquel on l'implorait. La chroni-
que des cours, les aveux de l'Empereur qui,
si, l'on en croit les Mémoires, trouvait parfois un plaisir piquant à prendre sa femme
légitime pour confidente de ses fredaines,
auraient pu l'édifier à souhait sur ce sujet.
Quoi qu'il en fût, elle aurait eu le beau
rôle dans cette triste occasion.

Emilia semblait avoir confondu, dans son
esprit déséquilibré, toutes les notions re-
çues. Enhardie par une première libéra-
lité, elle harcela la princesse de demandes
d'argent, sans vergogne, avec une insis-
tance attristante et reçut avidement l'or
que lui jetait Marie-Louise. Par exemple,
quand, lors du passage de cette dernière
à Salzbourg, elle poussa l'oubli de sa dignité et de sa situation, jusqu'à solliciter
une audience, elle fut éliminée sans phra-
ses.

D'ailleurs, l'espèce de compassion qu'elle
excitait était singulièrement refroidie par
le spectacle écœurant de ses manies incon-
cevables, des bassesses auxquelles elle se
laissait aller et de l'usage extravagant
qu'elle faisait des secours qui lui étaient
alloués. Outre la pension dont nous avons

parlé, elle recevait de la caisse des veuves une dotation de 200 francs. Tout cet argent, suffisant à la rigueur pour assurer sa subsistance, servait à l'entretien de sa ménagerie. De sa fortune il ne lui était resté qu'une cabane bethléemique, meublée de quelques sièges dépareillés. La petite impératrice y vivait dans une répugnante promiscuité avec sa légion de félins, de chiens et d'oiseaux, en proie à un irrémédiable gâtisme.

Les autorités finirent par s'émouvoir de cet état de choses. Le curateur qui fut désigné d'office à « la comtesse aux chiens » la trouva dans le dénûment le plus absolu, à peine vêtue, rongée par la vermine, et se heurta à des refus obstinés, lorsqu'il parla de l'approvisionner de linge et d'améliorer son régime. La pauvre femme eut un éclair de fierté, elle se défendit énergiquement d'implorer la charité publique, Elle en appela, non à la clémence, mais à la justice de l'Empereur, dont elle attendait la restitution pleine et entière de sa fortune. L'aumône qui la sauvait de la faim était la négation de son droit, presque une insulte. Plus la misère l'étreignait, plus elle se raccrochait à l'espoir chimérique d'un coup de baguette de la destinée la replaçant soudainement dans le cadre doré de sa vie d'antan !

Il y avait, toutefois, cette nuance dans ses revendications qu'elles se produisaient à l'état aigu, sa plainte monotone s'exaspérait, et étonnait par le cynisme naïf qu'elle affectait. Emilia ne se se lassait pas d'écrire à la cour de Vienne. Ses suppliques étaient signées « *la veuve de Napoléon* » et pleines de détails d'une trivialité voulue. Il y était question des dents que la malheureuse avait perdues, il y était fait des allusions peu déguisées à la belle chevelure blonde qui avait séduit César et qui, maintenant. s'argentait sous la double influence des années et de la misère.

Mais la pitié qu'inspiraient ces démarches humiliantes s'exerçait en vain. Les secours qui en résultaient tournaient exclusivement au profit des animaux familiers qui entouraient la « comtesse aux chiens » Il n'y avait plus qu'un parti à prendre, c'était d'interner dans un asile la ruine humaine qui fut la baronne de Wolfsberg, l'aimable *substratum* du petit homme rouge.

Des mesures furent prises en conséquence. Emilia mourut avant qu'on lui eût assuré un suprême abri, en avril 1845. Elle avait 60 ans.

BIBLIOTHÈQUE NATIONALE R.F.

2

Tel est, dans sa saveur originale, le roman de la pauvre femme qui fut longtemps la compagne inséparable du grand batailleur. Éclairé, à son aurore, par les splendeurs de l'astre impérial, mêlé, pour ainsi dire, à la trame de l'épopée napoléonienne, souriant et enivré parmi les fanfares de la victoire, s'épanouissant discrètement au milieu des terribles « consommations d'hommes » comme une fleur gracieuse sur des ruines, l'amour de la fille du mineur d'Idria ne survécut pas aux catastrophes qui brisèrent les pieds d'argile de son idole.

Les derniers chapitres, les moins connus peut-être, du roman, ne sont pas, à coup sûr les moins intéressants. La fin lamentable, la longue agonie de celle qui osa signer — la veuve de Napoléon — garde, jusque dans le prosaïsme d'une existence galvaudée, une grandeur tragique.

Les royautés en exil constituent un des spectacles les plus curieux, un des sujets d'étude les plus captivants de notre époque. Dans la galerie des déclassés de la monarchie, la baronne de Wolfsberg mérite d'occuper une place à part. La maîtresse de Napoléon est digne de figurer dans la bohème royale qu'a célébrée Daudet, car aucune des majestés déchues que les révolutions ont jetées sur les grandes routes de l'Europe, ne fut entourée d'une pareille auréole de poésie et n'a donné lieu à une légende plus dramatique dans sa simplicité. Il faut remonter jusqu'à Shakspeare pour rencontrer une infortune aussi haute et en même temps aussi profondément humaine.

COMMENT L'ESPRIT VIENT

AUX SOUS-PRÉFETS

M... est une petite sous-préfecture où le gouvernement envoie les fonctionnaires pas sages ou les débutants trop pressés. Pas la moindre distraction à espérer dans cette Sibérie administrative ! En guise de théâtre, un bouis-bouis enfumé où viennent parfois piauler, avec accompagnement de harpe, des bohémiennes échappées de quelque baraque foraine, en guise de cercle, un estaminet, où l'on joue aux dominos en buvant de l'extrait de noix vomique. Et ce grand silence de la province, enveloppant toutes choses, ce calme formidable, qui donne à la vie départementale une apparence préhistorique !

Notre ami Francis Fort — un parisien

doublé d'un journaliste — mit huit jours pleins à s'apercevoir de tout cela ! Il avait été bombardé sous-préfet par l'influence momentanément souveraine d'un homme d'État qu'il avait connu chez Kugelmann. Quel est le journaliste ou l'homme politique qui n'a pas mis les pieds chez Kugelmann !

Francis Fort prit sa mission au sérieux. Il se sentait investi d'un mandat et emportait dans sa valise la pensée du gouvernement. Dans son allocution aux notables. il parla avec autorité de l'impulsion féconde qu'il allait imprimer à l'arrondissement, ne manqua pas l'allusion obligée à l'industrie et à l'agriculture « ces deux mamelles de la France. » et conclut en assurant que son règne allait inaugurer une ère de progrès pacifique, mais incessants.

Puis, il prit possession de son palais. dissimulant à peine l'immense satisfaction que lui causait son élévation subite, grisé doucement par les flatteries intéressées qui le circonvenaient, se donnant des airs de pacha condescendant et de despote pour le bon motif, majestueux sans contrainte, souriant sans familiarité.

Quand les réceptions officielles furent terminées. Francis manda son secrétaire.

— Ça, dit-il, en se calant dans son fauteuil, mon garçon, travaillons !

Le secrétaire, qui avait vu défiler une procession de sous-préfets de tous calibres et qui avait son opinion faite sur la stabilité administrative, sourit et s'inclina en homme habitué à cacher son scepticisme professionnel sous les formes d'une politesse exagérée.

Francis continua, s'animant par degré :

— Dans un pays de liberté et de suffrage universel, les sous-préfets ne sont point ce qu'un vain peuple pense, des rouages inu-inutiles, des boîtes aux lettres... Ils sont les agents actifs d'une politique nouvelle... attentifs aux moindres réclamations, soucieux de tous les intérêts. etc...

Le secrétaire écoutait sans comprendre.

— Si M. le sous-préfet, hasarda-t-il, voulait me permettre une observation. Il serait peut-être bon d'attendre que les affaires se produisissent, car, pour l'instant, le carton des affaires en instance est vide, et, à moins d'en inventer...

Le sous-préfet se leva.

— Qu'est-ce à dire ? cria-t-il. Croyez-vous que je suis venu ici pour jouer aux dominos et voler l'argent de l'Etat ? S'il n'y a pas d'affaires, eh bien, j'en inventerai…

Le secrétaire salua sans rire et sortit, suivi de près par son orageux patron.

Pendant plusieurs jours, il vit Francis éventrer les cartons poudreux, violer les liasses séculaires, pénétrer avec effraction dans les arcanes les plus obscures des bureaux. Et lui, malin, courbé sur son pupitre, mijotait de sa belle anglaise impeccable son expédition, toujours la même, vrai travail de Pénélope ! « Va toujours, mon bonhomme, avait-il l'air de dire, bats-toi les flancs pour te donner une importance que tu ne peux avoir, tu finiras bien par te calmer et par finir par où tu aurais dû commencer, par cette sérénité olympienne, qui est le caractère distinctif des détenteurs du pouvoir. »

Le gratte-papier avait raison. Francis Fort se lassa de ses investigations stériles, son zèle outré tomba comme un feu de paille, et, un beau soir, en prenant le frais sur le balcon gothique, d'où il avait l'habitude de contempler les collines nues et mornes qui bornaient son horizon, il s'aperçut qu'il s'ennuyait comme un païen à l'église dans sa principauté. Il était déjà blasé sur les jouissances de la vanité, sur la possession du pouvoir, sur le pantalon à bandes d'argent, sur le cercle, sur le café, sur son entourage, sur tout ce qui lui avait plu dès l'abord.

L'époque de la conscription était passée, celle des comices agricoles était à venir. Pas d'élection dans l'air ! Pas de luttes à affronter, pas de question en litige ! Rien qui procurât une diversion à l'ennui royal qui le gagnait ! A M... il n'est même pas possible de faire des dettes. Quant à l'élément féminin, il aurait pu être comparé à cette île escarpée et sans bord dont parle quelque part Alfred de Musset.

Alors, le sous-préfet tourna au Hamlet. Il se mit à promener son front pâle et ses tristes pensées dans les vastes appartements de son hôtel, il ne se montra que rarement dans les bureaux et songea un instant à se composer une tragédie en cinq actes ou à se marier. Dieu lui pardonne !

Nul ne sait quel eût été le dénouement de cette crise unique, si, un matin en ouvrant son courrier, d'un geste machinal et désillusionné, notre homme n'eût mis la main sur une missive préfectorale dont la lecture lui arracha un soudain cri de joie.

Il se précipita dans ses bureaux — Monsieur Simandre, dit-il, les larmes aux yeux, monsieur Simandre !

Le secrétaire se leva, ponctuel et correct toujours, et passa dans le cabinet du maître.

— Pardonnez-moi, je suis si ému. Murat avant la bataille... balbutia le sous-préfet.

— Je comprends, interrompit le scribe, c'est une affaire...

La précieuse correspondance fut étalée.

Elle était ainsi conçue :

Monsieur le sous-préfet,

J'ai l'honneur de vous faire connaître que le devis des réparations, à l'hôtel de la sous-préfecture de M.., fourni par vous, a reçu, dans son ensemble, notre haute approbation.

Il est, toutefois, un point sur lequel vos appréciations ne semblent point concorder exactement avec celles de Monsieur l'architecte départemental et sur lequel je crois devoir appeler toute votre attention.

Dans la liste des achats de mobilier nouveau vous avez pensé, Monsieur le sous-préfet, que vous étiez autorisé à faire figurer certain meuble d'usage intime, destiné à orner ou à compléter, si l'on veut, les lieux secrets de l'hôtel sous-préfectoral et vulgairement dénommé « clyso-pompe. »

J'ai le regret de vous faire savoir que, suivant avis dudit architecte départemental, il m'est difficile de partager votre manière de voir sur ce sujet délicat et que je serai heureux de connaître les arguments et raisons qui ont motivé sans doute, votre détermination.

Veuillez recevoir, Monsieur le sous-préfet, l'assurance de ma considération la plus distinguée.

Le préfet. CŒURDEROY.

Francis Fort sauta sur sa bonne plume de Tolède et, perdant la tête :

— Vite, un télégramme confidentiel, apportez-moi le chiffre.

Mais le secrétaire, impassible et goguenard :

— Vous voulez donc tuer l'affaire dans l'œuf. D'ailleurs, répondre au préfet par une dépêche, est-ce révérencieux, est-ce hiérarchique ?

Le sous-préfet considéra avec stupeur son

employé. C'était vrai, ce que disait ce chrétien, dont l'expérience datait du règne des tyrans et avait survécu à toutes les catastrophes.

— Faites la minute, dit-il, rêveur. J'oubliais que l'administration est l'art d'embrouiller les questions les plus simples et de créer des dossiers.

Le lendemain Francis parapha le texte suivant :

Monsieur le préfet.

J'ai l'honneur de vous transmettre les explications que vous avez pris la peine de me demander au sujet du meuble intime, vulgairement dénommé « clysopompe » et destiné à orner ou compléter les lieux secrets de l'hôtel sous-préfectoral de M...

Je me permets de vous faire remarquer, Monsieur le préfet, qu'en inscrivant le susdit objet sur la liste des achats de mobilier nouveau et réparations urgentes et en usant, par ce fait, du crédit alloué par le conseil général, j'ai cru me conformer au décret du 9 avril 1811 et aux dispositions tutélaires du décret du 20 juillet 1853.

Veuillez agréer, monsieur le préfet, l'assurance de mon respectueux dévouement.

Le secrétaire avait calculé en praticien consommé. La lettre, tout en donnant une satisfaction apparente aux questions préfectorales. ne tranchait pas le différend, elle n'était qu'une amorce. La préfecture ne pouvait se contenter de ce bloc enfariné. Elle en référa au ministre, qui crut devoir prendre l'avis de la cour des comptes et du conseil d'Etat. Puis. l'affaire rebondit du haut en bas de la filière et fut retournée au préfet pour supplément d'instruction. Le préfet retomba de tout son poids sur le sous-préfet de M...

Francis Fort dut fournir un rapport. Il exultait. Voici le chef-d'œuvre dont il accoucha. après trois nuits de méditation.

Monsieur le Préfet.

Vous m'avez fait l'honneur de me demander mon avis motivé sur l'achat du meuble intime destiné à orner ou compléter les lieux secrets de l'hôtel sous-préfectoral de M... et vulgairement dénommé « clysopompe » et sur l'interprétation particulière que j'ai cru devoir donner aux décret du 20 juillet 1853 et du 9 avril 1811.

Je me permet d'attirer votre bienveillante attention sur les considérations qui semblent militer en faveur de la décision qui m'est attribuée.

Le « clysopompe » tire son origine de la plus haute antiquité. il n'a pas été inconnu des Phéniciens et a dû certainement être classé au nombre des institutions romaines, bien que Sué tone, Tacite et Pline, aient gardé sur ce sujet un silence digne de remarque.

Mais, sans m'arrêter plus que de raison aux arguments d'ordre historique dont la valeur, toute relative, pourrait être aisément contestée, je vous demande, monsieur le préfet, l'autorisation d'entrer le vif du sujet et de vous présenter les raisons qui ont amené plus spécialement la détermination à laquelle vous avez bien voulu faire allusion dans votre lettre en date du...

Le meuble en litige ne saurait, à mon sens, sous aucun rapport, bien qu'étant affecté à un usage intime, être assimilé aux objets personnels, intransmissibles et me paraît, quel qu'en soit le titulaire, s'adapter à merveille aux habitudes administratives, et répondre à une nécessité démontrée.

Laissez-moi espérer, monsieur le préfet, que vous voudrez bien couvrir de votre haute approbation l'exposé que je viens d'avoir l'honneur de placer sous vos yeux et conserver au meuble précité le caractère impersonnellement lénitif qu'il m'a semblé revêtir au premier examen.

Veuillez agréer, etc.

L'affaire, en vertu de la vitesse acquise, fila de nouveau vers les sommets administratifs. Il y eut un temps d'arrêt. Le ministre, suffisamment éclairé par les renseignements locaux, ordonna une enquête juridique. C'était la période du contentieux qui commençait!!

Mais, pendant ce temps-là, l'opinion s'é-
tait inquiétée. Des employés avaient trahi
le grand secret, les journaux s'étaient em
parés du clysopompe.

Le conseil général se divisa sur cette
question. Un membre grincheux interpella
le préfet et obtient contre lui une majorité
de coalition en signalant les gaspillages
de l'administration.

Le préfet donna sa démission.

Alors, le clysopompe devint un drapeau.
Deux partis se formèrent : les *personnels* et
les *impersonnels*, les premiers comprenant
le centre gauche, la droite et les orléanistes
les seconds engloblant la gauche pure et
les bonapartistes — section jéromiste.

Un député du pays fit sienne la thèse
inoffensive soutenue par notre ami Francis
et la porta à la tribune de la Chambre.
Elargissant le débat, il montra par là, que,
sous cette question, puérile en apparence,
s'agitait un intérêt vital pour la nation.
Il s'agissait de l'argent des contribuables,
de la bonne gestion des deniers publics, de
la régénération de *l'administration* « cette
terre nourricière des honnêtes gens inu-

tiles, » d'un monde, quoi ! Il ne fallait point s'attarder au petit côté de l'affaire, mais n'envisager que les résultats humanitaires et sociaux de l'*impersonnalité* du clysopompe administratif. Bien d'autres meubles, d'usage purement luxueux, étaient mis à la disposition de nos fonctionnaires. Ces hommes, qui représentent là-bas, au fond de la province, la pensée dirigeante de l'Etat, avaient besoin de conserver toutes leurs facultés perpétuellement en éveil — *mens sana in corpore sano*. — En avant l'école de Salerne et la sagesse des nations ! Il était moral, il était politique d'élever le meuble si injustement décrié à la hauteur d'un instrument de règne. La civilisation et le progrès ne pouvaient qu'y gagner... »

La Chambre électrisée par ces nobles paroles vota les conclusions de l'orateur.

... Et l'affaire continue à voyager. Le clysopompe de M... est la terreur des divisions, la légende des bureaux. Toutes les fois qu'un ministère nouveau s'installe, les bureaucrates, nés malins et entretenus tels par le rond-de-cuir, lui soumettent, avec un air comiquement solennel, le fatal dossier... Tous meurent à la tâche, convaincus de leur douloureuse impuissance. — Les ministres passent, mais les affaires en litige restent...

Francis Fort a été récompensé pour *services exceptionnels*, car c'est un titre à la reconnaissance du gouvernement que de fournir de la matière à la bureaucratie, « ce four qui toujours chauffe et où rien ne cuit » comme dit Voltaire.

Il est préfet aujourd'hui dans un département du midi. Encore une affaire comme celle qu'il sut si bien « inventer » et diriger, et... il remplacera M. Poubelle. — Mais on a pas toujours un clysopompe à se mettre sous la dent !

René MALLIET.

—

GUÉRET. — IMPRIMERIE R. DELAGE ET D. JOUCLA

BIBLIOTHEQUE NATIONALE DE FRANCE

www.ingramcontent.com/pod-product-compliance
Lightning Source LLC
Chambersburg PA
CBHW061342050726
47595CB00005B/2045